Einsterns Schwester
leicht gemacht

2

Themenheft 3

⭐ Texte planen und schreiben

Herausgegeben von
Roland Bauer, Jutta Maurach

Erarbeitet von
Katrin Baudendistel, Daniela Dreier-Kuzuhara,
Martina Schramm, Alexandra Schwaighofer

In Zusammenarbeit mit
der Redaktion Grundschule Deutsch 2–4

Cornelsen

Inhaltsverzeichnis

Ich bin Lola und helfe dir mit Profitipps.

So kannst du mit den Heften arbeiten

Du machst alle
Seiten der Lernportion **1**.

Zuerst im grünen Heft.	Dann im roten Heft.	Dann im gelben Heft.	Und dann im blauen Heft.

Danach machst du in
allen Heften die Lernportion **2**.

Nun machst du in
allen Heften die Lernportion **3**.

Genauso bearbeitest du
alle anderen Lernportionen.

In diesem Heft
kannst du den
Grundwortschatz
vertiefend üben.

① Lies die Namen der Kinder und die Listen am Rand.

Mädchen
- Lea
- ...

Jungen
- Tim
- ...

Kinder mit Brille
- Juri
- ...

② Wähle eine Liste aus ① aus. Ergänze sie.

Mit Strichen vor jeder Zeile ist es besser lesbar.

Lernportion 1: Plakate, Listen, Pläne, Tabellen

5

1 Lisa hat eingekauft.
Kreuze an, was zum Bild passt.

○ zwei Stifte

○ ein Radiergummi

○ Wasserfarben

○ ein Lineal

○ eine Schere

○ vier Pinsel

○ ein Füller

○ zwei Hefte

2 Schreibe eine Liste,
die zu Lisas Einkauf in ① passt.

Einkaufsliste

– zwei Stifte,

–

① Schreibe auf, was Tim sich wünscht.

eine ~~Torte~~	eine Taschenlampe
einen Fußball	eine Taucherbrille

<u>Wunschzettel</u>

– eine Torte

–

–

–

✋ ②

1 Januar	2 Februar	3 März
13. Malik	15. Malte	3. Dennis
16. Lea		27. Laura
4 April	**5 Mai**	**6 Juni**
2. Florian		6. Lotte
7. Anna		9. Julia
22. Franka, Linh		
7 Juli	**8 August**	**9 September**
15. Theo	3. Hanna	4. Emily
28. Lorenz	11. Chan	30. Marco
10 Oktober	**11 November**	**12 Dezember**
2. Sergej	16. Lukas	18. Emilian

① Beantworte die Fragen.

In welchem Monat hat Marco Geburtstag?

September

In welchem Monat hat kein Kind Geburtstag?

In welchem Monat sind die meisten Geburtstage?

Welches Kind hat am 18. Dezember Geburtstag?

 ②

① Lies das Plakat.

Unsere Regeln

Ich melde mich.

Ich spreche laut und deutlich.

Ich höre zu.

Ich lasse die anderen ausreden.

Ich schaue die anderen an.

Ich lache die anderen nicht aus.

 ② Sprecht darüber, wie das Plakat gestaltet ist.

So gestalte ich ein Plakat:

1. **Ich plane**, was auf mein Plakat soll.

2. **Ich gestalte** mein Plakat und beachte:
   – große Überschrift,
   – kurze Texte übersichtlich anordnen,
   – groß und lesbar schreiben,
   – Bilder lockern auf.

Der **rote Faden** zeigt dir, wie du arbeiten solltest.

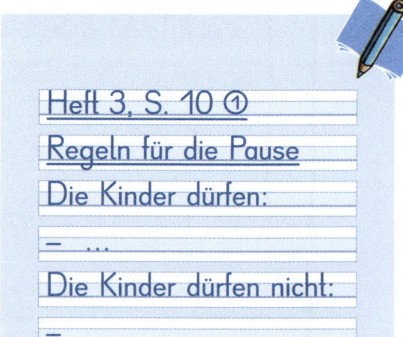

3. **Ich lese** mein Plakat durch.
   – Ich **verbessere** Fehler.
   – Ich **ergänze**, was fehlt.

① Ordne die Regeln für die Pause.
Schreibe Stichwörter.

| kämpfen | Verstecken spielen |

| über den Zaun klettern | Ball spielen |

| seilspringen | mit Schneebällen werfen |

Heft 3, S. 10 ①
Regeln für die Pause
Die Kinder dürfen:
– ...
Die Kinder dürfen nicht:
– ...

② Gestaltet mit den Stichwörtern aus ① ein Plakat.
Nutzt den roten Faden.

1 Lies die Plakate und vergleiche sie.

Achte auf die Gestaltung.

> Erlaubt: seilspringen, Verstecken spielen, Fangspiele, Ball spielen
> Nicht erlaubt: andere ärgern, mit Schneebällen werfen, kämpfen, über den Zaun klettern
>
> Tom

Pausenregeln

erlaubt	nicht erlaubt
seilspringen	kämpfen
Verstecken spielen	über den Zaun klettern
Ball spielen	mit Schneebällen werfen

Lea

  2

Mir gefällt Leas Plakat besser, weil …

Meine Tipps für Tom …

① Ordne richtig zu.

| Einkaufsliste | ~~Plakat~~ | Gästeliste | Wunschzettel | Notiz |

Plakat

Unsere Regeln

Ich melde mich.

Ich spreche laut und deutlich.

Ich höre zu.

Ich lasse die anderen ausreden.

Ich schaue die anderen an.

Ich lache die anderen nicht aus.

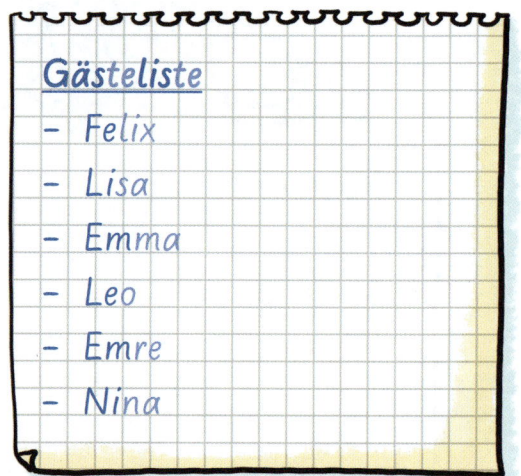

Gästeliste
- Felix
- Lisa
- Emma
- Leo
- Emre
- Nina

Ich wünsche mir:
- ein Auto
- Schokolade

- 2 Bananen
- 1 Apfel
- 1 Salat
- 10 Eier

Notizen

Sporttasche
nicht vergessen!

① Unterstreiche alle Wörter, die zum Thema Zoo passen.

Flugzeug	Käfig	Affe	Futter	Salz	Giraffe	Pfleger

Seehund	Eisbär	Schiff	Gehege	Papagei

② Schreibe die Zoo-Wörter aus ① auf.

Käfig,

Giraffe

langer Hals, größtes Tier auf dem Land

① Unterstreiche die Sätze, die zum Baum passen, grün.
Unterstreiche die Sätze, die zum Haus passen, rot.

Es ist eine Pflanze.	Es ist ein Ding.	Es hat Zweige und Blätter.

Es hat eine Tür und ein Dach.	Seine Wurzeln sind in der Erde.

Menschen wohnen darin.

② Schreibe zu jedem Bild die passenden Sätze aus ①.

Es ist

① Lies die beiden Rätsel. Sie beschreiben **ein** Fahrzeug.

Es ist ein Fahrzeug.
Es ist rot.
Es ist groß.
Es hat Lichter.

Es ist ein Fahrzeug.
Es ist groß und rot.
Es hat ein Blaulicht.
Es hat eine Leiter.

② Kreuze in ① den Text an, der das Fahrzeug besser beschreibt.

③ Zeichne das gesuchte Fahrzeug.

④ Schreibe das Rätsel aus ① ab, welches das Fahrzeug besser beschreibt.

Beschreibungen müssen genau sein.

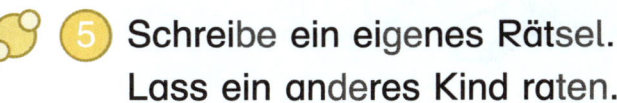

Es ist

⑤ Schreibe ein eigenes Rätsel. Lass ein anderes Kind raten.

Heft 3, S. 15 ⑤
Es ist ...

So präsentiere ich:

1. **Ich stehe auf** und beginne, wenn alle leise sind.

2. **Ich beginne** mit einem Anfangssatz:
   Ich möchte euch mein Rätsel vorstellen.

3. **Ich stelle** meinen Text **vor**.
   Ich spreche **laut** und **deut**lich.

① Präsentiere dein Rätsel von Seite 15.

> Ich möchte euch
> mein Rätsel vorstellen.
> ...

Lernportion 2: Beschreibungen vorbereiten und erstellen

Plenum: Lernergebnisse präsentieren, die im Leitfaden dargestellten Gesichtspunkte beschreiben und bewerten
MK-Tipp: eine Präsentation aufnehmen und reflektieren

16   D 27

① Kreuze alle Sätze an, die zur Maus passen.

☒ Es ist ein Tier.   ◯ Es ist grau.

◯ Es hat zwei Stoßzähne.   ◯ Es hat zwei Hörner.

◯ Es hat vier Beine.   ◯ Es hat zwei Augen.

◯ Es hat einen Schwanz.   ◯ Es hat einen Rüssel.

◯ Es hat Schnurrhaare.   ◯ Es ist sehr klein.

Zur Maus passen **sieben** Sätze.

② Beschreibe die Maus mit den Sätzen aus ①.

Es ist ein Tier.

Es

① Lies den Steckbrief. Kreuze das dazu passende Kind an.

Name: ...
Haare: rot
Farbe der Augen: braun
Kleidung: rote Hose, gelber Pulli
Besondere Kennzeichen: Haarreif

② Ergänze den Steckbrief.

| Lola | spitze Nase | barfuß | grün | rot |

| Kleid mit grünem Kragen, spitzer Hut |

Name: Lola

Haare:

Farbe der Augen:

Kleidung:

Besondere Kennzeichen:

So schreibe ich einen Steckbrief:

1. **Ich überlege**, wen ich beschreibe.

2. **Ich sehe** genau hin:
   Aussehen, Besonderheiten …

Bei einem **Steckbrief** schreibe ich alles **kurz** auf.

3. **Ich schreibe** Stichwörter:
   Name: …
   Haare: …
   Farbe der Augen: …
   Kleidung: …
   Besondere Kennzeichen: …

4. **Ich lese** meinen Steckbrief durch.
   – Ich **verbessere** Fehler.
   – Ich **ergänze**, was fehlt.

① Schreibe einen Steckbrief zu einem Kind
   aus deiner Klasse.

Heft 3, S. 19 ①
Steckbrief
Name: …
…

 ②

Mein Kind hat …

Lernportion 3: Steckbriefe und Beschreibungen

Plenum: Lernergebnisse präsentieren, die im Leitfaden dargestellten Gesichtspunkte beschreiben und bewerten
MK-Tipp: einen Steckbrief zu einer Person am Computer gestalten

AH 22

① Markiere, was zur Sonnenblume passt.

| weiß | bunt | Winter | **Sonnenblume** |

| ein bis zwei Meter | Sommer |

| außen gelb, innen braun |

| alt | wie eine Sonne |

| wie ein Herz | viereckig |

Stimmt! Das grüne Blatt sieht aus wie ein Herz.

② Ergänze den Steckbrief mit den markierten Wörtern aus ①.

Steckbrief

Name: **Sonnenblume**

Größe:

Sie blüht im:

Farbe der Blüte:

Form der Blüte:

Form der Blätter:

① Lies den Text.

Die Stockente

Stockenten werden etwa 50 Zentimeter lang und wiegen etwa ein Kilo. Es sind die größten Enten, die bei uns leben.

Das Männchen erkennt man an seinem grünen Kopf und Hals und dem weißen Ring um den Hals. Die Brust und der Rücken sind braun. Der Bauch ist hell.

Die Federn des Weibchens sind braun. Die Füße sind leuchtend orange. Der Schnabel ist gelb-braun.

② Schreibe einen Steckbrief zum **Weibchen** aus **①**.

Steckbrief

Name:

Größe:

Gewicht:

Farbe der Federn:

Besondere Kennzeichen:

 ① Lest den Steckbrief und die Beschreibung.
Vergleicht die beiden Texte.

Steckbrief

Name: Igel
Größe: 22 bis 30 Zentimeter
Gewicht: etwa 1 Kilo
Aussehen: braune Stacheln
           mit weißen Spitzen
           (ungefähr 8 000)

Beschreibung

Ein Igel wird zwischen 22 und 30 Zentimeter lang. Er wiegt etwa 1 Kilo. An den braunen Stacheln mit weißen Spitzen ist er gut zu erkennen. Er hat ungefähr 8 000 Stacheln.

② Schreibe einen Steckbrief oder eine Beschreibung über den Fuchs.

| Fuchs | 7 kg |

Körper 60 bis 90 cm

braunes Fell, Schnauze und Bauch weiß

langer, buschiger Schwanz

Der Fuchs

Lernportion 3: Steckbriefe und Beschreibungen

Plenum: Austausch über Unterschiede von Steckbriefen und Beschreibungen
MK-Tipp: einen Steckbrief zu einem Fuchs am Computer gestalten

22

(1) Lies die Suchanzeige.

Wer hat unsere Katze gesehen?

Wir suchen seit dem Wochenende unsere Katze.
Ihr Fell ist getigert und die Brust, der Bauch
sowie die Pfoten sind weiß. Sie hat grüne Augen.

Hinweise bitte an Familie Pfeifer
(Telefon: 069 – 90 00 92 21)

(2) Schreibe eine Suchanzeige wie in ①.

Wer hat

Wir suchen

① Ordne richtig zu.

| Postkarte | Brief | Nachricht | E-Mail |

Hallo Ole,

hier auf dem Bauernhof ist es super.
Gestern durfte ich mit einem Traktor fahren.

Viele Grüße

Finn

Ole Janssen
Kamillenweg 99
22549 Hamburg

An: lola@beispiel.de

Betreff: Hallo

Hallo Lola,

meine Mama hat mir gezeigt, wie man eine E-Mail schreibt. Das macht Spaß!

Schreib mir bitte zurück!

Viele Grüße
Aylin

●●●●● Internet 🛜   14:31 Uhr   84 % 🔋

‹ Chats   **Mama** online

Hallo Mama!
Bin bei Oma.
Tina

↑ Message

München, 17. 10. 2022

Liebe Paula,

wie ist es in der neuen Schule? Hast du schon Freunde gefunden? Das Foto ist von unserem Ausflug.
Bis bald
Clara

② ✋

> Im Urlaub schreibe ich oft eine Postkarte.

> Meine Freundin Lara hat mir im Brief Aufkleber geschickt.

> Mama schreibt E-Mails an ihre Freundin in China. Das geht schneller.

Lernportion 4: Briefe und Botschaften

Plenum: schriftliche Mitteilungen in Bezug auf Schreibanlass und Adressaten vergleichen
MK-Tipp: sich über die Nutzung verschiedener Kommunikationsmöglichkeiten austauschen

24

AH 33

① Lies die Postkarte.

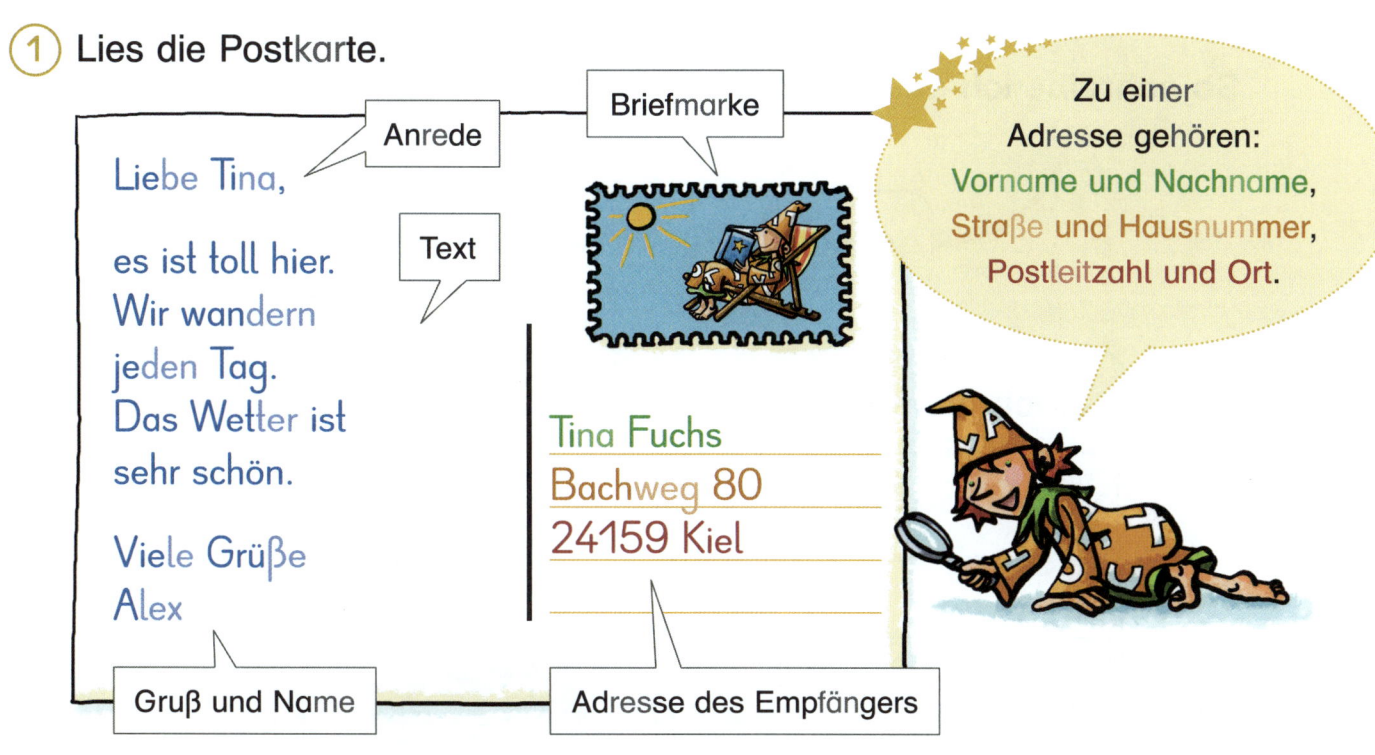

Anrede

Briefmarke

Text

Liebe Tina,

es ist toll hier.
Wir wandern
jeden Tag.
Das Wetter ist
sehr schön.

Viele Grüße
Alex

Gruß und Name

Tina Fuchs
Bachweg 80
24159 Kiel

Adresse des Empfängers

Zu einer
Adresse gehören:
Vorname und Nachname,
Straße und Hausnummer,
Postleitzahl und Ort.

② Nur eine Adresse ist richtig notiert.
Kreuze sie an.

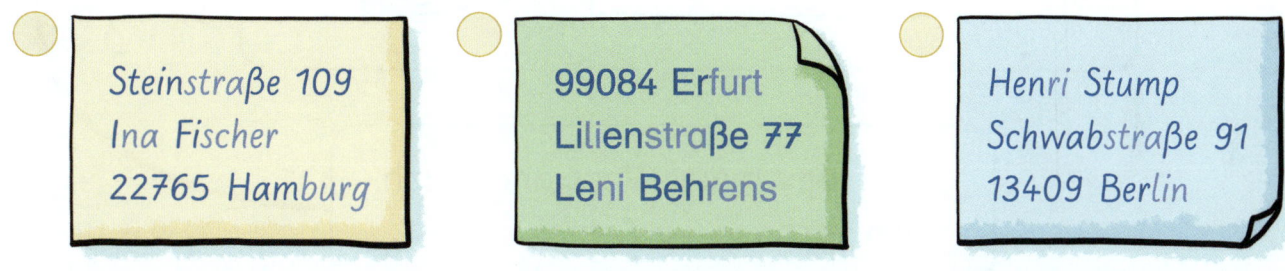

○ Steinstraße 109
Ina Fischer
22765 Hamburg

○ 99084 Erfurt
Lilienstraße 77
Leni Behrens

○ Henri Stump
Schwabstraße 91
13409 Berlin

③ Schreibe deine Adresse richtig auf.

So schreibe ich eine Postkarte:

1. **Ich überlege, wem** ich schreibe.

2. **Ich plane, was** ich schreibe.

3. **Ich schreibe** und **beachte**:

4. **Ich lese** meine Postkarte durch. Ich **verbessere** Fehler.

① Male und schreibe eine Postkarte.

1 Lies und ordne richtig zu.

| Anrede | Gruß und Name | Ort und Datum |

| Briefmarke | Absender | Text | Empfänger |

Anna Sauter
Sauerweg 74
70563 Stuttgart

Erna Müller
Lammgasse 57
89075 Ulm

Stuttgart, 10.10.2024

Liebe Oma,

wie geht es dir? Mir geht es gut.

Ich habe mit Mama im Wald
Eicheln gesammelt. Damit will ich
basteln. Wann kommst du?

Viele Grüße

Deine Anna

Anrede

So schreibe ich einen Brief:

1. **Ich überlege, wem** ich schreibe.

2. **Ich plane, was** ich schreibe.

3. **Ich schreibe** und **beachte**:

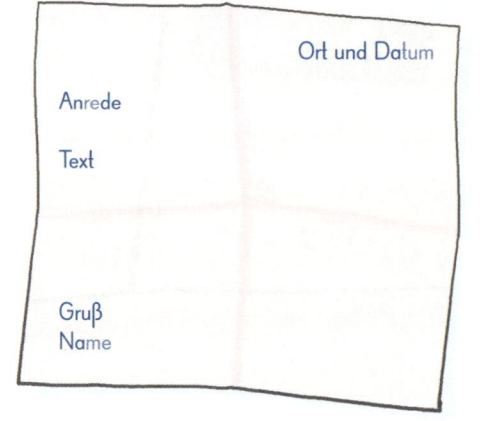

Ort und Datum

Anrede

Text

Gruß
Name

4. **Ich lese** den Brief durch.
   Ich **verbessere** Fehler.

5. **Ich schreibe** auf einen **Umschlag**
   den **Empfänger** und den **Absender**.

1 Nimm ein Blatt.
   Schreibe einen Brief an ein Kind.

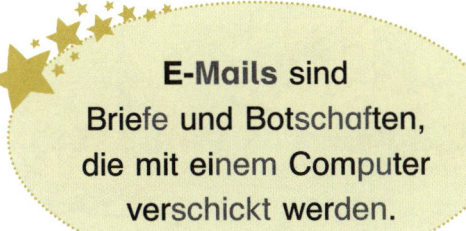

E-Mails sind
Briefe und Botschaften,
die mit einem Computer
verschickt werden.

1 Lies die E-Mail.
Schreibe die Wörter an die richtige Stelle.

| ~~Text~~ | Gruß | Anrede | Name | E-Mail-Adresse |

| An: | lola@beispiel.de |
| Betreff: | E-Mails sind toll |

Liebe Lola,

du bekommst meine Nachrichten jetzt viel schneller.
Als wir uns noch Briefe geschrieben haben,
dauerte es mindestens zwei Tage, bis sie ankamen.
Jetzt können wir uns mehrere E-Mails am Tag
schreiben. Du kannst dann sofort antworten.
Ist das nicht toll?

Viele Grüße

Deine Tina

Text

 **1** Kreuze die Sätze an,
die zum Bild passen.

Die Buchstaben ergeben ein **Lösungswort**.

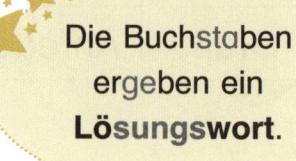

○ P | Die Sonne scheint hell.

○ L | Graue Wolken stehen am Himmel.

○ R | Auf der Insel im Teich ist eine Hütte.

○ T | Auf der kleinen Insel sind Palmen.

○ I | Im Boot winken eine Frau und ein Junge.

○ Z | Im gelben Boot sitzen vier Männer.

○ U | Im Wasser schwimmen zwei Fische.

○ M | Im See schwimmen zwei Enten.

○ A | Zwei Jungen liegen auf Luftmatratzen.

○ S | Zwei Jungen liegen im Gras.

Lösungswort: _____ _____ _____ _____ _____ !

① Schreibe Sätze zu dem Bild.

Die Sonne

Zwei Jungen sitzen auf einer

Ein Mann liest

Ein Mädchen

Im Sandkasten

(1) Sieh dir die Bilder an. Lies die Texte.

Im Freibad

Schon fängt es an zu regnen.
Die beiden gehen schnell
aus dem Wasser und
rennen los.

Da sehen sie
ein Häuschen.
Während des Gewitters
stellen sie sich dort unter.

An einem schönen Tag
spielen Lisa und Tim
im Wasser mit ihrem
bunten Ball.

Auf einmal wird es ganz
dunkel. Sie schauen nach oben
und sehen graue
Wolken am Himmel.

(2) Verbinde jedes Bild in ① mit dem passenden Text.

Die Satzanfänge und Stichwörter helfen dir.

1 Schreibe eine kleine Geschichte zu den Bildern.

Der Kuchen

| backen Kuchen | nehmen Salz statt Zucker | Kuchen in den Ofen |

| decken den Tisch | probieren den Kuchen | leider salzig |

Lisa und Papa backen

Sie nehmen

Sie schieben den

Dann

Die beiden

Doch leider

① Schreibe die Geschichte weiter.

Hatschi!

Tim möchte Lisa etwas schenken.
Er sieht auf einer Wiese Pusteblumen
und pflückt sie.

Tim trifft sich mit Lisa.
Er gibt ihr die Blumen.
Sie freut sich über das Geschenk.

Dann muss Lisa niesen.

Leider

niest in die Blumen

nur Stängel übrig

Zum Schluss

lachen beide

...

1

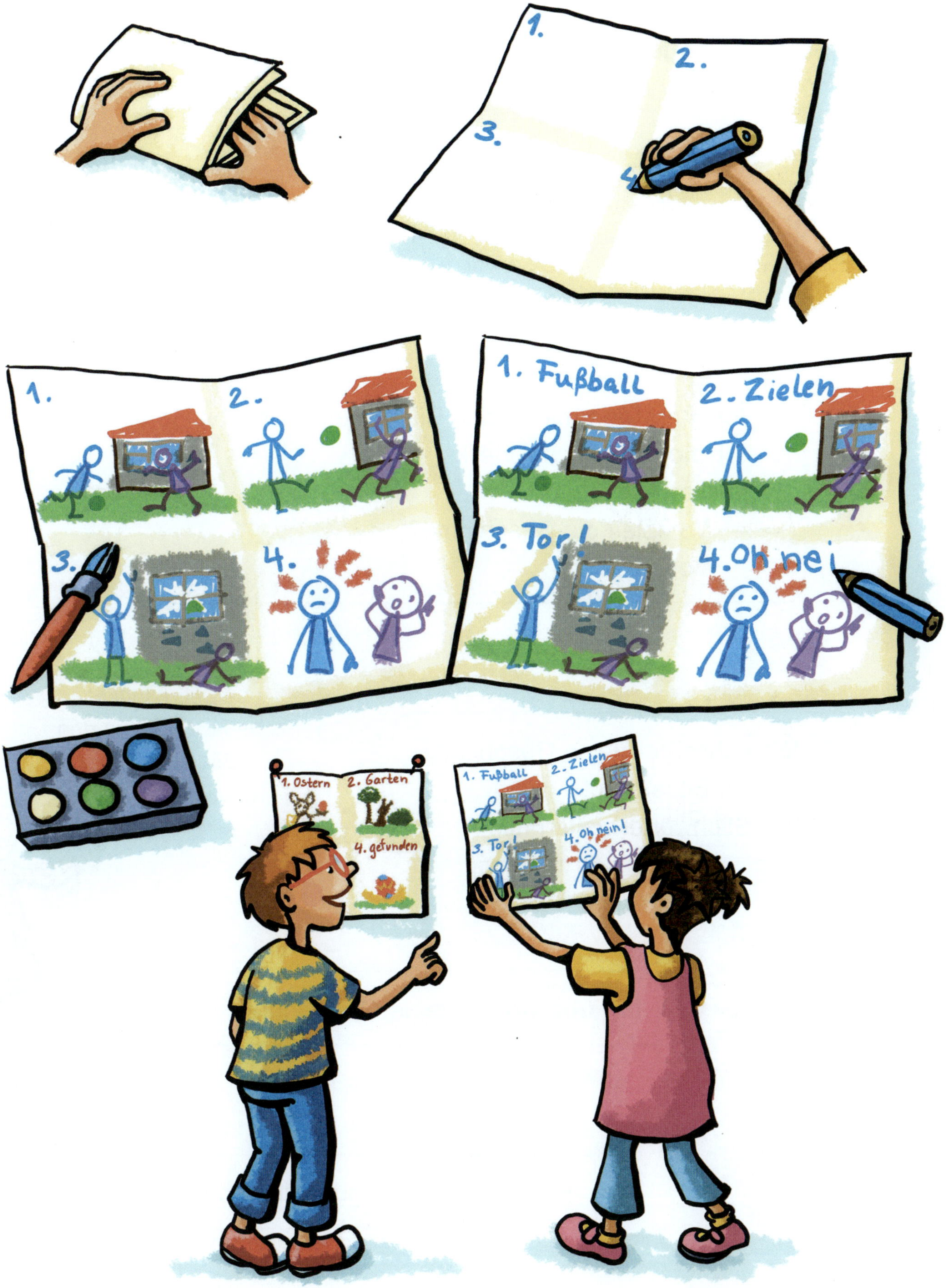
1.
2.
3.
4.
1. Fußball
2. Zielen
3. Tor!
1. Ostern
2. Garten
4. gefunden
3. Tor!
4. Oh nein!

So schreibe ich zu einer Bildfolge:

1. **Ich sehe** mir jedes Bild genau an.

2. **Ich überlege** mir zu den Bildern eine Geschichte.
   Ich notiere Stichwörter:
   – **Wer** kommt vor?
   – **Wo** spielt die Geschichte?
   – **Was** passiert?

Deine Ideen müssen gut zu den Bildern passen.

3. **Ich schreibe** meine Geschichte zu den Bildern auf.
   Die Stichwörter helfen mir.

4. **Ich überprüfe** meine Geschichte.

5. **Ich finde** eine gute Überschrift.

1 Schreibe eine Geschichte zu den Bildern.
Finde eine gute Überschrift.

Heft 3, S. 37 ①
...

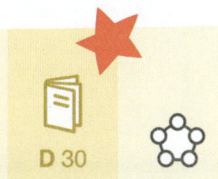

Ja, das passt zu mir.

① Lies das Wortgedicht zu LOLA.

L USTIG

O RDENTLICH

L IEB

A LBERN

② Ergänze die Wortgedichte zu TIM und LEA mit passenden Adjektiven.

| LIEB | FLEIβIG | INTERESSANT | MUTIG | LAUNISCH |

| EHRLICH | AUFRICHTIG | LAUT | GEMEIN |

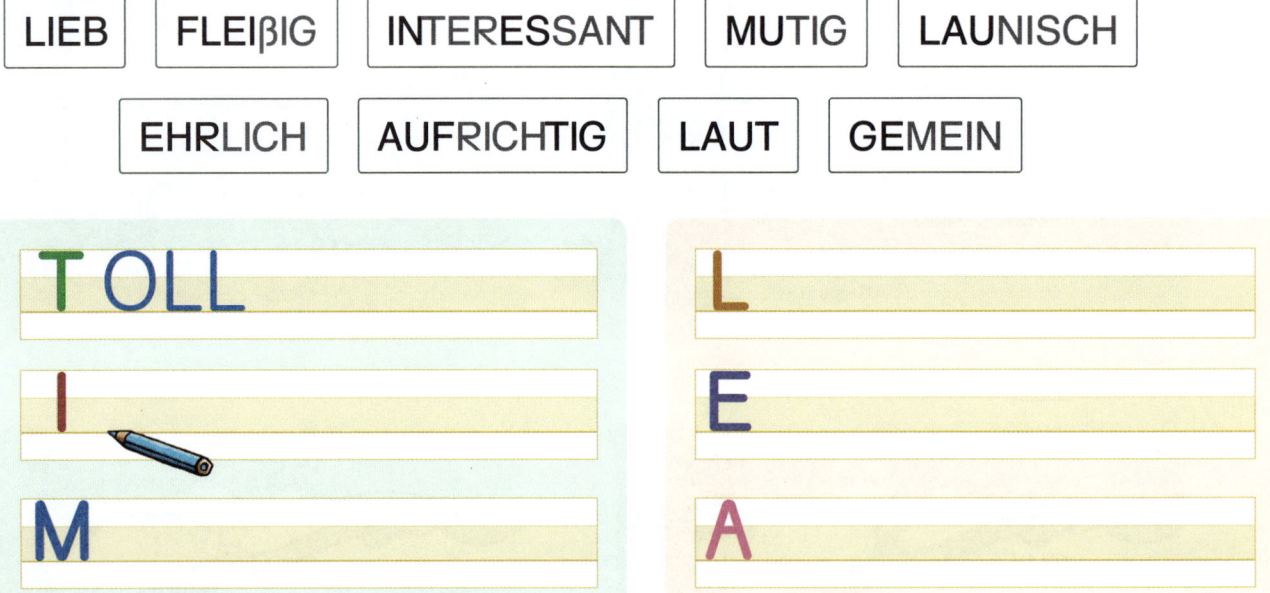

T OLL

I

M

L

E

A

✋ ③

① Lies die Abzählverse.

> Paul, Pauline,
> Apfelsine,
> Apfelkuchen,
> du musst suchen.

> Ein rotes, altes Schiff
> fuhr auf ein großes Riff.
> Dort schwamm eine Maus
> und du bist raus.

② Schreibe einen Text aus ① ab.

③ Probiert die Abzählverse aus ① aus.

① Immer drei Wörter reimen sich.
Male sie jeweils mit einer Farbe an.

Hose	Sturm	Wurm	Maus	Dose

Haus	Laus	Turm	Rose

② Ergänze zu jedem Bild ein Reimwort.

Dose

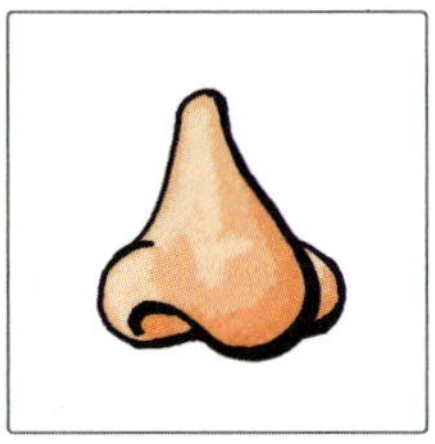

H

F

T

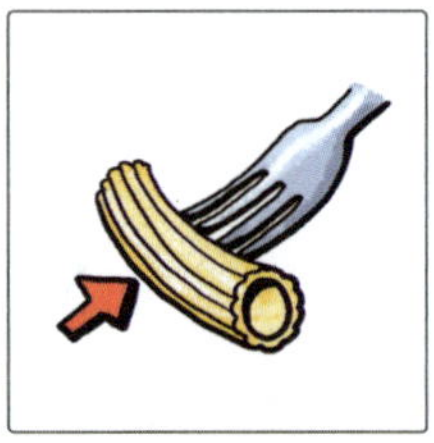

P

B

M

R

B

1 Lies das Gedicht.
Ergänze die Reimwörter.

will	wir	zu	machen	lauf

Wir

1 Ich bin ich und du bist **du**.

Wenn ich rede, hörst du _____.

Wenn du sprichst, dann bin ich **still**,

weil ich dich verstehen _____.

5 Wenn du fällst, helf ich dir **auf**,

und du fängst mich, wenn ich _____.

Allein kann keiner diese **Sachen**,

zusammen können wir viel _____.

Ich mit dir und du mit **mir** –

10 das sind _____. ◇

Irmela Brender

① Ordne dem Gedicht die Zeilen zu.
Die farbigen Wörter helfen dir.

da seh ich es schon hocken.

und frisst mich dann.

Ein Krokodil

1 Ich träum, es kommt ein Krokodil
   mit einem großen Maul.
   Am Tage liegt's auf einem Stein,
   am Tage ist es faul.

5 Und dann am Abend wird es wach
   und macht sich auf die Socken.
   Es kriecht zu unserm Haus aufs Dach,

   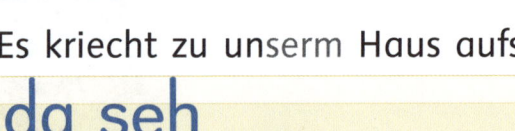 da seh

   Doch wenn es erst ganz dunkel ist,
10 dann schleicht es sich heran.
   Es will zu mir herein

Bei einem Gedicht
nennt man eine Zeile
auch **Vers**.

ich hab nur was vergessen.

glaub ich, es ist ein Drachen.

und reißt sein Maul schon auf.

Es hinkt durchs Haus, das hör ich doch,
es steigt die Treppe rauf.
15 Dann kommt's herein durchs Schlüsselloch

Es hat 'ne Menge Zähne in
dem großen roten Rachen.
Und weil es auch noch Flügel hat,

20

Was willst du hier, schrei ich ganz laut,
ich glaub, du willst mich fressen.
Nein, sagt das Krokodil und schaut,

Hanna Johansen

Lernportion 6: Gedichte schreiben

Gedichte mit elf Wörtern heißen **Elfchen**.
In jeder Zeile ist die Anzahl der Wörter vorgegeben.

1 Wort: Fröhlich
2 Wörter: Spitzer Hut
3 Wörter: Hat gute Ideen
4 Wörter: Sie hilft euch gern
1 Wort: Lola

① Schreibe das Elfchen auf.
Achte auf die Anzahl der Wörter.

| Tafel | Klassenzimmer | Manchmal ist es laut |

| Viele Tische, Stühle | Lehrer, Kinder |

1   Tafel

2

3

4

1

① Lies die Elfchen. Sie sind noch nicht ganz fertig.

Krone
Leuchtende Farben
Trägt schöne Kleider
Jeder Wunsch wird erfüllt

Sport
Weißer Anzug
Ich verbeuge mich
Mein Gürtel ist gelb

② Ergänze bei jedem Elfchen in ① ein passendes Wort.

| Bauer | Königin | Polizist | Judo | Lehrerin | Freude |

③ Schreibe eines der Elfchen aus ① ab.

④

Stacheln
Kleines Tier

Lernportion 6: Gedichte schreiben

Plenum: Austausch über Möglichkeiten, Texte für die Veröffentlichung aufzubereiten
MK-Tipp: Elfchen im Schreibprogramm abschreiben und zentrieren

45

① So findest du eine Geschichte:
Wähle bei jedem Rahmen einen Pfeil und
male ihn an.
Schreibe deine Geschichte auf.

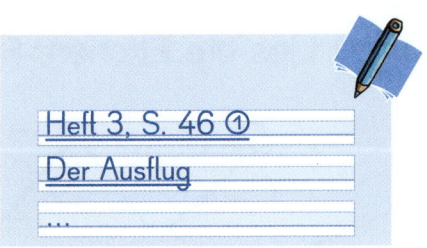

Heft 3, S. 46 ①
Der Ausflug
...

Der Ausflug

Tim wollte einen Ausflug machen.

Er fuhr mit seinem
Vater zum Baden
an einen See.

Mit einem Freund
ging er an einem
Bach spazieren.

Auf dem Weg saß
eine kleine Katze.

Auf dem Weg saß
eine dicke Kröte.

Tim setzte sie
ins Gras.

Tim machte ein
Foto von ihr.

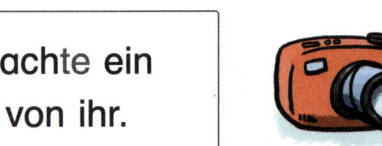

① Lies die Teile der Geschichte.

Im Schwimmbad

_____ Zuerst haben wir im Kinderbecken
mit dem Ball gespielt.
Dann sind wir vom Brett
in das tiefe Wasser gesprungen.

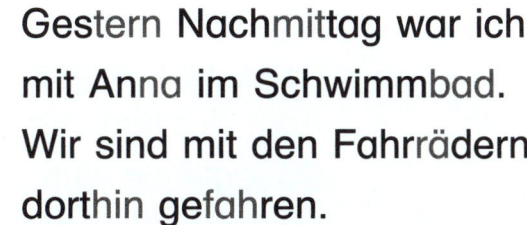

_____ Gestern Nachmittag war ich
mit Anna im Schwimmbad.
Wir sind mit den Fahrrädern
dorthin gefahren.

_____ Um 17 Uhr sind wir dann
nach Hause gefahren.
Morgen gehen wir wieder
ins Schwimmbad.

_____ Danach sind wir dann
um die Wette geschwommen.
Da war Anna schneller als ich.

② Nummeriere die Teile in ①
in der richtigen Reihenfolge.

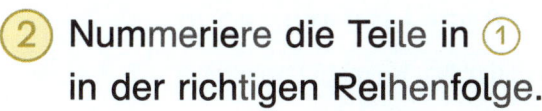

③ Lies die Geschichte aus ① einem Kind vor.

① Welche Texte passen zur Geschichte Ein Regennachmittag?
Wähle aus jeder Reihe einen Text aus.
Male die passenden Tropfen blau an.

Ein Regennachmittag

Es regnete. Lisa sah aus dem Fenster.
„Blöd! Jetzt kann ich nicht in den Garten", dachte sie.

 Der große Hund
rannte auf Laura zu.
Aber Laura sah ihm
fest in die Augen.
Da wurde er langsamer.

 Lisa hätte gern mit
ihrem Bruder gespielt.
Aber der hatte keine Zeit.
So legte sie sich in
ihrem Zimmer auf ihr Sofa.
Da fiel ihr der Karton
unter dem Sofa auf.

 Schnell holte Lisa ihn hervor
und öffnete den Deckel.
In dem Karton waren
alte Fotos und Briefe.
„Hallo, ich bin wieder da",
rief Papa aus dem Flur.
„Wollen wir etwas spielen?"

 Im Nebel tauchte
das Haus auf.
Laura hatte den Weg
zurück gefunden.
Froh rannte sie hinein
zu ihrem Vater
und ihrer Mutter.

 Da erwachte Laura.
Sie schaute sich um
und sah ihr Zimmer.
Sie hatte alles nur
geträumt.

 Aber Lisa war so in
ihren Karton vertieft,
dass sie Papa nicht hörte.
Obwohl es regnete,
wurde es ein schöner Tag.

1 Nummeriere die Teile der Geschichte in der richtigen Reihenfolge.
Schreibe unten das Lösungswort auf.

Drachen im Baum

_____ Erleichtert gingen beide nach Hause.
T In Zukunft werden sie besser
auf ihre Drachen aufpassen.

1 Gestern war es sehr windig.
H Florian und Tanja wollten
ihre Drachen steigen lassen.

_____ Auch Florian wollte seinen Drachen
B herunterholen. Doch der Drachen
flog in einen Baum.

_____ Doch der Wind wurde stärker. Die beiden
R konnten ihre Drachen kaum halten.
Tanja holte ihren Drachen zurück.

_____ Florian war traurig.
S Zum Glück kam der Nachbar.
Er holte den Drachen vom Baum.

_____ Sie gingen mit ihren Drachen
E auf die Wiese. Schnell waren
beide Drachen am Himmel.

| 1 | 2 | 3 | 4 | 5 | 6 |

Lösungswort: H _ _ _ _ _

① Lies die Geschichte.

Paul und Oli

Paul besucht Oli.
Zuerst spielen sie im Kinderzimmer.
Dabei haben sie sehr viel Spaß.
Danach verkleiden sie sich als Gespenster.
Zum Abendessen gibt es Würstchen mit Pommes.

② Markiere alle Wörter, die in ① vorkommen.

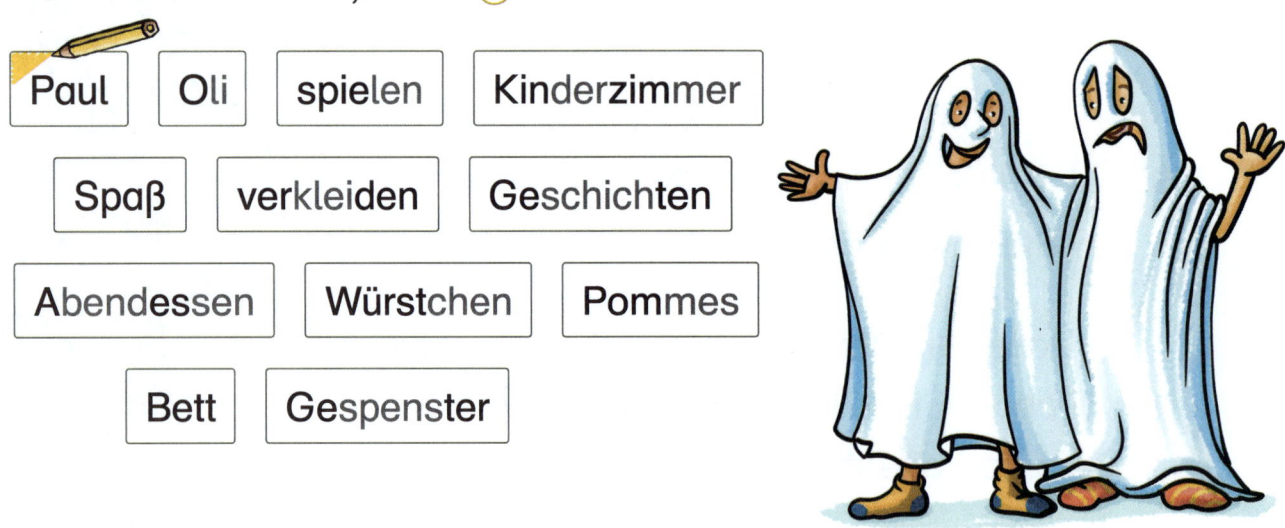

| Paul | Oli | spielen | Kinderzimmer |

| Spaß | verkleiden | Geschichten |

| Abendessen | Würstchen | Pommes |

| Bett | Gespenster |

③ Zwei Wörter in ② bleiben übrig.
Schreibe mit ihnen einen passenden Schluss-Satz zu ①.

① Lies den Anfang der Geschichte.

Linas fliegendes Bett

Heute geht Lina ganz früh ins Bett.
Sie ist richtig sauer. Den ganzen Tag hat sie sich mit
ihrer Schwester Mara gestritten. Mara hat Linas Puppe
die Haare abgeschnitten.
Am liebsten wäre Lina weit, weit weg.
Nun versucht sie zu schlafen. Auf einmal …

② Schreibe die Geschichte aus ① mit den Stichwörtern zu Ende.

hört Knall	Bett hebt ab	fliegt über die Stadt

tolles Erlebnis	landet im Garten	leider nur geträumt

Auf einmal hört Lina einen

1 Lies den Anfang der Geschichte.
Schreibe weiter.

Die besondere Katze

Oles Traum ging in Erfüllung!
Er bekam eine Katze zum Geburtstag.
„Sie ist die schönste Katze der Welt!", rief Ole.
Doch bald bemerkte Ole, dass
seine Katze anders war.

Die Katze konnte nämlich

1 **Ordne die Wörter nach** Fußball **und** Reiten.

| Elfmeter | Stall | Tor | Mähne | Rote Karte |

| Sattel | Hindernis | Schiedsrichter | zuspielen |

| Pferd | Zügel | Mannschaft | Reiter | Anpfiff |

Fußball	Reiten
Elfmeter	

So schreibe ich eine Geschichte:

1. **Ich überlege**, worüber ich eine Geschichte schreibe.

2. **Ich plane**, was ich schreiben möchte, und notiere **Stichwörter**:
   – **Wer** kommt vor?
   – **Wo** spielt die Geschichte?
   – **Was** passiert?
   – **Wie** endet es?

Stichwörter helfen dir beim Planen einer Geschichte.

3. **Ich schreibe** meine Geschichte. Die Stichwörter helfen mir.

4. **Ich überprüfe** meine Geschichte.

5. **Ich finde** eine gute Überschrift.

1 Wähle ein Bild aus.
Überlege dir dazu eine Geschichte.
Notiere Stichwörter.

2 Schreibe die Geschichte auf.
Nutze deine Stichwörter aus 1.

Heft 3, S. 55 2
...

1 Nummeriere die Sätze in der richtigen Reihenfolge.
Schreibe die Sätze auf.

Mäuse aus Stein

Du brauchst: Stein, Stift, Kleber, Schere, Filz, Wolle

So geht es:

Zuletzt klebst du ein Stück Wolle
als Schwänzchen an.

Dann schneidest du aus Filz Ohren aus.

Zuerst malst du mit einem Stift
zwei Augen auf den Stein.

Nun klebst du die Ohren auf den Stein.

Zuerst

1 Sieh dir die Bilder an. Lies die Stichwörter.

So bastelst du einen Lola-Hut

Du brauchst:

dickes Papier, Schablone, Stift, Schere, Kleber, Locher, Band

So geht es:

1
Zuerst ⭐ dickes Papier auslegen ⭐ mit Stift Schablone umfahren

2
Danach ⭐ Form ausschneiden ⭐ Papier mit Buchstaben verzieren

3
Nun ⭐ Papier einrollen ⭐ Tüte formen ⭐ Ränder zusammenkleben

4
Zuletzt ⭐ Rand an zwei Seiten lochen ⭐ Band befestigen

2 Schreibe die Anleitung zu ① in Sätzen in dein Heft.

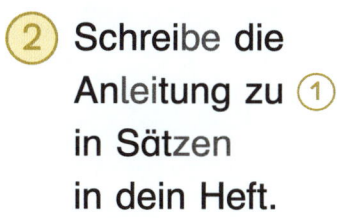

Heft 3, S. 57 ②
So bastelst du einen Lola-Hut
Zuerst musst du dickes Papier auslegen und mit
einem Stift die Schablone umfahren. Danach …

Lernportion 8: Handlungsabläufe beschreiben

Plenum: Kriterien einer gelungenen Bastelanleitung beschreiben; verschiedene Darstellungsformen von Bastelanleitungen miteinander vergleichen
MK-Tipp: eine Videoanleitung als Bastelhilfe für einen Papierhut nutzen

57

① Lies das Rezept. Unterstreiche die Zutaten.

Rezepte

Tomatenbrot mit Schafskäse

Zuerst teile ich ein frisches Fladenbrot quer
in zwei Hälften.

Danach schneide ich drei Tomaten in Scheiben.

Als Nächstes öffne ich ein Päckchen Schafskäse
und schneide ihn in kleine Stücke.

Nun belege ich die Brothälften mit
den Tomaten und dem Schafskäse.

Anschließend backe ich das Brot im
Backofen bei 180°C etwa 15 Minuten.

Zuletzt schneide ich Petersilie klein
und streue sie über das Brot.

> Ich überfliege den Text mit den Augen. So finde ich die Zutaten schnell.

② Schreibe die vier Zutaten aus ① auf.

Zutaten:

– ein frisches

–

Zutaten für 4 Kinder
- 8 Eier
- 1 Tasse Milch
- etwas Schnittlauch
- Salz, Pfeffer
- etwas Öl für die Pfanne

(1) Nummeriere die Sätze des Rezepts in der richtigen Reihenfolge.

Rührei mit Schnittlauch

_____ Nun erhitze ich etwas Öl in einer Pfanne.

1 Zuerst schlage ich die Eier in eine Schüssel.

_____ Danach rühre ich die Mischung mit einer Gabel gut durch.

_____ Als Nächstes gebe ich Milch, Schnittlauch, Salz und Pfeffer zu den Eiern.

_____ Zuletzt brate ich die Mischung und rühre dabei.

(2) Schreibe das Rezept aus (1) richtig auf.

Zuerst schlage ich

1 Lies die Stichwörter und die Zutaten für das Rezept.

Obstspieße

1. Bananen schälen, anderes Obst waschen

2. Birne und Apfel schälen, vierteln und entkernen

3. Bananen, Apfel und Birne in Stücke schneiden

4. Stücke abwechselnd auf Spieße stecken

Zutaten für 8 Kinder
- 2 Bananen
- 8 Erdbeeren
- 1 Apfel
- 1 Birne
- 8 Weintrauben
- 8 Spieße aus Holz

2 Schreibe das Rezept aus ① auf. Achte auf unterschiedliche Satzanfänge.

Zuerst schäle ich die Bananen. Danach

wasche ich das andere

Lernportion 8: Handlungsabläufe beschreiben

Plenum: Kriterien eines gelungenen Rezepts beschreiben

① Lies den Text aus einem Tagebuch.

> Die unterstrichenen Stellen helfen dir beim Weiterschreiben.

Dienstag, den 11.06.2023

Um 7 Uhr bin ich aufgestanden. Zum Frühstück habe ich
Müsli mit Nüssen gegessen. Am Vormittag haben wir
in der Schule Plakate gestaltet. Zum Mittagessen gab es
eine leckere Suppe. Am Nachmittag hatte ich Sport.
Um 20 Uhr bin ich ins Bett gegangen.

② Beschreibe einen Tag, den du erlebt hast.

Mein Tag

Um ___ Uhr bin ich aufgestanden.

Zum Frühstück habe ich

Am Vormittag

Lernportion 8: Handlungsabläufe beschreiben

Plenum: Kriterien eines gelungenen Tagebucheintrags beschreiben
MK-Tipp: einen eigenen Text am Computer schreiben

AH 62, 63

61

So bespreche ich einen Text in einer Schreibkonferenz:

1. **Ich überlege**, mit wem ich meinen Text besprechen möchte.

2. **Ich lese** meinen Text anderen Kindern vor.

3. **Ich bespreche** mit den anderen Kindern:
   – Habt ihr alles verstanden?
   – Was findet ihr gut?
   – Was kann ich besser machen?

4. **Ich verbessere** den Text und beachte dabei die Hinweise der anderen Kinder.

Sei immer freundlich, wenn du einem anderen Kind einen Hinweis gibst.

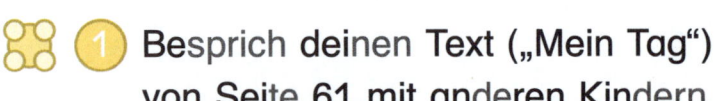 1 Besprich deinen Text („Mein Tag")
von Seite 61 mit anderen Kindern.

Ich finde gut, …

Ich würde noch einfügen, dass …

Ich habe nicht verstanden …

Lernportion 8: Handlungsabläufe beschreiben

Plenum: Austausch über die Durchführung einer Schreibkonferenz und darüber, wie die Rückmeldungen für das Überarbeiten von Texten genutzt werden können

1   Beschreibe deinen Wunschtag.

Mein Wunschtag

Um

2   Besprich deinen Text mit anderen Kindern.

(1) Lies die Texte.

Die Klasse 2a machte kurz vor den Ferien eine Wanderung.
Sie liefen zu einem Waldspielplatz mit einem Grill.
Die Kinder suchten Holz und zündeten mit der Lehrerin
ein Feuer an. Alle rösteten darüber Stockbrot.
Es war ein toller Tag.

Die Klasse 2b wanderte zu einer Ruine.
Dort aßen sie ihre Brote und erkundeten das Gelände.
Als Tim auf eine alte Mauer kletterte, rutschte er ab
und fiel hin. Sein Arm tat weh und wurde dick.
Am nächsten Tag kam er mit einem Verband
in die Schule.

(2) Schreibe über jeden Text in (1)
die passende Überschrift.

| **Unfall am Wandertag** | **Ein schöner Wandertag** |

Wie fing es an?	**Einleitung**
Was ist passiert?	**Hauptteil**
Wie hörte es auf?	**Schluss**

Der **Hauptteil** ist der längste Teil einer Geschichte.

① Lies die Texte.

Samira geht in die zweite Klasse. Ihre Schule machte gestern einen Wandertag zu einem tollen Spielplatz. Um 8 Uhr ging es los.

Um 10 Uhr kamen die Kinder am Ziel an. Dort machten sie erst mal eine Pause. Als Nächstes erkundeten sie den Spielplatz. Samira fuhr mit der Seilbahn und schaukelte. Danach spielte sie mit Tim, Leo und Jasmin in der Ritterburg.

Um 12 Uhr packten die Kinder ihre Sachen zusammen und gingen wieder zurück. Das war ein schöner Tag.

② Notiere zu jedem Abschnitt in ① den richtigen Begriff:

| Einleitung | Hauptteil | Schluss |

1 Lies die Texte.
Finde heraus, welche Texte
Einleitungen sind.
Kreuze sie an.

In **Einleitungen** erfährst du, **wo** und **wann** etwas passiert und **wer** in der Geschichte vorkommt.

Und wenn sie nicht gestorben sind,
dann leben sie noch heute.

Roka ist ein ganz kleines Dorf.
Dort gibt es nur drei Bauernhöfe.
Seit heute bewacht ein großer Hund
den mittleren Hof.

Es waren einmal vor langer Zeit ein Mädchen und ein Junge,
die in einer Hütte im Wald lebten. Ihre Eltern waren sehr arm,
sodass die Familie nicht genug zum Essen hatte.

Plötzlich hörte man einen lauten Knall.
Er drehte sich um und erschrak.

Nano war ein kleiner Eisbär.
Er wurde im letzten Winter
am Nordpol geboren.
Mit seiner Mutter lebte er
in einer tiefen, warmen Höhle.

Lernportion 9: An Texten arbeiten

1 Lies die Geschichte.
Kreuze den Schluss an, der dir am besten gefällt.

Lisa hat Geburtstag

1 Am Morgen rannte Lisa ins Wohnzimmer.
Dort blieb sie wie erstarrt stehen.
„Wo sind denn meine Geschenke?",
rief sie empört. Papa saß einfach
5 am Tisch und aß sein Müsli.
Lisa setzte sich enttäuscht dazu.
Sie hatten ihren Geburtstag vergessen.
Doch auf einmal kamen Mama,
Oma und Tim herein.
10 Alle drei sangen ein Lied für Lisa.
Oma hielt eine Torte mit acht Kerzen in der Hand.

○ Lisa pustete die Kerzen aus und dachte:
„Den Schreck zahle ich euch heim!"

○ Das war die beste Überraschung, die Lisa je erlebt hatte.

○ Lisa rief: „Ich dachte schon, ihr hättet mich vergessen!"

2 Schreibe den Schluss aus ① ab, der dir am besten gefällt.

1 Schreibe die Geschichte ab.
Verändere die blauen Satzanfänge.

Allein zu Hause

| Danach | Nun | Plötzlich | Schließlich |

Gestern war ich allein zu Hause.

Im Bett habe ich noch gelesen.

Dann schlief ich ein.

Dann weckte mich ein Geräusch.

Dann hörte ich Stimmen.

Dann ging das Licht an.

Papa und Mama waren wieder da.

Gestern

1 Sieh dir das Bild an.

2 Setze die Adjektive passend in die Sätze ein.

| laute | süße | weiches | schnellen | hohen | gruselige |

Auf dem Jahrmarkt

Juri ist mit seinen Eltern auf dem Jahrmarkt.

Schon von Weitem hören sie die **laute** Musik.

Zuerst sehen sie in der Geisterbahn viele _____ Wesen.

Anschließend kauft sich Juri _____ Zuckerwatte.

Danach fahren sie im _____ Karussell.

Dann fahren sie mit der _____ Achterbahn.

Zum Schluss gewinnt Juri ein _____ Kuscheltier.

① Lies die Texte.
Schreibe die falsch geschriebenen
Wörter richtig auf.

Satzanfänge → groß
Nomen → groß
ä → ableiten: verwandtes Wort
mit a

4 Fehler!

Die katze streift mal wieder durch den Garten.

Sie ist auf der Suche nach Meusen.

heute fengt sie aber nur eine Fliege.

7 Fehler!

Tim und lisa gehen mit Imo spazieren.

Sie kommen an einer Wiese mit Apfelbeumen vorbei.

tim sammelt zwei Äpfel auf. In der Nähe ist

ein kleiner rastplatz. dort machen die beiden freunde

eine kurze Pause und verspeisen ihre Epfel.

1 Lies den Text und besprich ihn mit anderen Kindern.
Überlegt gemeinsam, wie ihr den Text verbessern könnt.

> Um 3 Uhr kam tim in der Bücherei an.
>
> Er suchte Bücher über Beume.
>
> dann las er vir Zeitschriften.
>
> Dann ging das licht aus.
>
> Dann war es zehn Minuten lang dunkel.
>
> Dann ging das Licht zum Glück wieder an.

- Überschrift
- Einleitung
- Fehler
- Adjektive
- Schluss

2 Schreibe den Text aus **1** verbessert auf.

Themenheft 3
Texte planen und schreiben

Herausgegeben von: Roland Bauer, Jutta Maurach

Erarbeitet von: Katrin Baudendistel, Daniela Dreier-Kuzuhara,
Martina Schramm, Alexandra Schwaighofer
in Zusammenarbeit mit der Redaktion Grundschule Deutsch 2–4

Begutachtung: Astrid Dittberner (Niedersachsen), Susanne Gatniejewski (Sachsen)

Redaktion: Sabine Gerber, Milena Lemke

Illustration: Yo Rühmer, Frankfurt am Main

Umschlag: Cornelia Gründer, Corngreen GmbH, Leipzig (Gestaltung);
Yo Rühmer, Frankfurt am Main (Illustration)

Layout und
technische Umsetzung: lernsatz.de

www.cornelsen.de

1. Auflage, 1. Druck 2024

Alle Drucke dieser Auflage sind inhaltlich unverändert
und können im Unterricht nebeneinander verwendet werden.

© 2024 Cornelsen Verlag GmbH, Berlin

Druck: ppm Fulda GmbH & Co. KG, Fulda

ISBN 978-3-464-81368-3 (Themenheft 3, leicht gemacht, Verbrauchsmaterial)

PEFC-zertifiziert
Dieses Produkt stammt
aus nachhaltig
bewirtschafteten Wäldern,
Recycling und
kontrollierten Quellen
PEFC/04-31-1308   www.pefc.de